Stock Market USA Boek voor beginners

Beleggingsgids voor leren & De basis begrijpen

Door Brian Mahoney

Inhoudsopgave

Inleiding

Hoofdstuk 1 De fundamenten van de aandelenmarkt

Hoofdstuk 2 De voordelen en risico's van beleggen

Hoofdstuk 3 Klaarmaken voor succes

Hoofdstuk 4 Soorten beleggingen op de aandelenmarkt

Hoofdstuk 5 Uw beleggingsstrategie opbouwen

Hoofdstuk 6 Aandelen analyseren - Hoe je weloverwogen investeringsbeslissingen neemt

Hoofdstuk 7 Risico beheren en uw portefeuille diversifiëren

Hoofdstuk 8 De kracht van consistentie - Rijkdom op lange termijn opbouwen

Hoofdstuk 9 Belastingstrategieën en maximaliseren van beleggingsrendement

Hoofdstuk 10 Alles samenbrengen - Uw routekaart naar beleggingssucces

Conclusie

Verklarende

woordenlijst

Software-uitrusting en benodigdheden die nodig zijn om te beginnen

Bronnen

Disclaimer

De informatie in dit boek is uitsluitend bedoeld voor educatieve doeleinden en mag niet worden beschouwd als financieel of beleggingsadvies. De strategieën, technieken en meningen die hier worden gedeeld, zijn gebaseerd op algemene kennis en persoonlijke ervaring. Beleggen op de aandelenmarkt brengt risico's met zich mee, waaronder het mogelijke verlies van hoofdsom. In het verleden behaalde resultaten bieden geen garantie voor de toekomst.

De auteur, uitgever en aanverwante partijen zijn niet verantwoordelijk voor beleggingsbeslissingen die worden genomen op basis van de informatie in dit boek. Voordat u financiële beslissingen neemt, dient u een gekwalificeerd financieel adviseur te raadplegen of zelf grondig onderzoek te doen om er zeker van te zijn dat uw beleggingskeuzes overeenkomen met uw financiële doelen en risicotolerantie.

Door dit boek te gebruiken, erkent u dat u de risico's van beleggen begrijpt en dat elke actie die wordt ondernomen op basis van de verstrekte inhoud uitsluitend naar eigen goeddunken is.

# Inleiding

Welkom in de wereld van beleggen op de aandelenmarkt, waar mogelijkheden voor financiële groei en onafhankelijkheid wachten op degenen die bereid zijn om te leren, te plannen en actie te ondernemen. Of u nu hier bent omdat u het zat bent om uw spaargeld in een slakkengang te zien groeien op een traditionele bankrekening, of omdat u succesverhalen hebt gehoord van mensen die rijkdom hebben opgebouwd door te beleggen op de aandelenmarkt, dit boek is uw toegangspoort tot een betere financiële toekomst.

Als het idee van beleggen overweldigend lijkt - vol met cryptisch jargon, fluctuerende grafieken en intimiderende risico's - dan ben je niet de enige. Veel beginners hebben in het begin hetzelfde gevoel. Maar met de juiste begeleiding en een goed begrip van de basis, zult u snel beseffen dat de aandelenmarkt niet zo mysterieus is als het lijkt. In feite is het een van de meest toegankelijke en bewezen methoden om rijkdom op de lange termijn op te bouwen, ongeacht je startpositie.

Dit boek is speciaal ontworpen voor beginners zoals jij. Onze missie is om de schijnbaar complexe wereld van beleggen op te splitsen in behapbare, praktische stappen die u meteen kunt nemen. Je hebt geen diploma in financiën of een achtergrond in economie nodig om aan de slag te gaan. Alles wat u nodig hebt is nieuwsgierigheid, inzet en de bereidheid om te leren.

Dit is wat je kunt verwachten als we samen aan deze reis beginnen:

Fundamentele kennis: Je leert de basisprincipes van hoe de aandelenmarkt werkt, waarom bedrijven aandelen uitgeven en hoe beleggers zoals jij hiervan kunnen profiteren.

Duidelijke strategieën: We verkennen verschillende soorten beleggingen, zoals individuele aandelen, beleggingsfondsen, ETF's en meer, zodat u weloverwogen beslissingen kunt nemen op basis van uw doelen en risicotolerantie.

Tools en technieken: Van het begrijpen van financiële overzichten tot het gebruik van handelsplatformen, u zult de praktische vaardigheden verwerven om met vertrouwen door de markt te navigeren.

Mindset voor succes: Succesvol beleggen draait niet alleen om cijfers, maar ook om discipline, geduld en een langetermijnperspectief. We bespreken hoe u de juiste mindset ontwikkelt om op koers te blijven.

Bovenal legt dit boek de nadruk op eenvoud. Je hoeft niet achter elke nieuwe trend aan te jagen of obsessief te daghandelen om te slagen. In plaats daarvan leert u beproefde strategieën die gericht zijn op gestage, duurzame groei. Beleggen is een marathon, geen sprint, en dit boek zal u voorzien van de tools om op koers te blijven en uw financiële doelen te bereiken.

Aan het einde van dit boek zult u niet alleen het mechanisme van de aandelenmarkt begrijpen, maar ook het vertrouwen hebben om uw eerste stappen als belegger te zetten. Of u nu een pensioenfonds wilt opbouwen, wilt sparen voor een belangrijke gebeurtenis in uw leven of gewoon uw vermogen wilt vergroten, de kennis die u hier opdoet, zal dienen als basis voor succes.

Laten we dus beginnen. Je reis naar financiële zelfredzaamheid begint nu.

Hoofdstuk 1:
De fundamenten van de aandelenmarkt

1.1 Wat is de aandelenmarkt?

Definitie: Een marktplaats waar kopers en verkopers aandelen van beursgenoteerde bedrijven verhandelen.

Doel: Bedrijven helpen om kapitaal aan te trekken en beleggers de kans geven om rendement te behalen.

Analogie: De aandelenmarkt als supermarkt voor bedrijfseigendom.

1.2 Hoe de aandelenmarkt werkt

Effectenbeurzen: Gecentraliseerde platforms zoals de New York Stock Exchange (NYSE) en NASDAQ waar de handel plaatsvindt.

Deelnemers aan de markt:
- Investeerders: Particulieren, instellingen en overheden.
- Makelaars: Tussenpersonen die kopers en verkopers met elkaar verbinden.
- Market Makers: Entiteiten die liquiditeit verzekeren door constant koop- en verkoopprijzen te noteren.

Handelstijden: Typische handelsschema's voor aandelen (bijv. 9:30 AM tot 4:00 PM ET in de VS).

1.3 Belangrijke concepten

Aandelen: Eenheden van eigendom in een bedrijf.

Aandelenprijzen: Bepaald door vraag, aanbod en het beleggerssentiment.

Marktkapitalisatie: De totale waarde van de aandelen van een bedrijf, wat de grootte aangeeft.

Indices: Benchmarks zoals de S&P 500, Dow Jones en NASDAQ Composite die de algemene marktprestaties volgen.

1.4 Waarom bedrijven naar de beurs gaan

Beursintroductie (IPO): De eerste verkoop van aandelen door een bedrijf aan het publiek om fondsen te werven.

Voordelen voor bedrijven: Toegang tot kapitaal voor groei, schuldaflossing of overnames.

Wat het betekent voor investeerders: IPO's als kansen om in te kopen in groei in een vroeg stadium.

1.5 Soorten aandelenmarkten

Primaire markt: Waar nieuwe aandelen worden uitgegeven (bijvoorbeeld tijdens een beursgang).
Secundaire markt: Waar eerder uitgegeven aandelen worden verhandeld onder beleggers.

1.6 De spelers op de aandelenmarkt

Particuliere beleggers: Gewone particulieren die aandelen kopen via makelaars of online platforms.
Institutionele beleggers: Grote organisaties zoals pensioenfondsen, beleggingsfondsen en hedgefondsen.
Toezichthouders: Instanties zoals de Securities and Exchange Commission (SEC) die zorgen voor eerlijke en transparante praktijken.

1.7 Historisch perspectief op de aandelenmarkt

De oorsprong: Vroege aandelenhandel in Amsterdam en de oprichting van de NYSE in 1792.
Belangrijke mijlpalen: De Grote Depressie, de dot-com zeepbel en de financiële crises die het moderne beleggen vorm gaven.
Technologische evolutie: Van vloerhandel tot snelle digitale transacties.

1.8 Waarom de aandelenmarkt belangrijk voor je is

Persoonlijke financiële groei: Mettertijd rijkdom opbouwen door samenstellen.
Economische indicator: Geeft de gezondheid van industrieën en economieën weer.
Toegang tot innovatie: Investeren in geavanceerde industrieën en startups die de toekomst vormgeven.

1.9 Veelvoorkomende mythes ontkrachten

"De aandelenmarkt is gewoon gokken."
Tegenstelling: Beleggen is gebaseerd op onderzoek en strategie, in tegenstelling tot kansspelen.

"Je moet rijk zijn om te investeren."
Tegenwicht: Platforms maken het nu mogelijk om te beginnen met zo weinig als $5.

"Het is te ingewikkeld voor beginners."
Tegenwicht: Onderwijs en eenvoudige strategieën maken het toegankelijk.

Conclusie:

Door de fundamenten van de aandelenmarkt te begrijpen, zet u de eerste stap om een zelfverzekerde belegger te worden. In het volgende hoofdstuk worden de voordelen en risico's besproken, zodat u kunt beslissen hoe beleggen bij uw doelstellingen past.

Hoofdstuk 2: De voordelen en risico's van beleggen

2.1 De potentiële beloningen van beleggen

Beleggen op de aandelenmarkt kan aanzienlijke voordelen opleveren als je het verstandig aanpakt:

Rijkdom opbouwen in de loop van de tijd:

Voorbeeld: Historisch gemiddelde rendementen van 7-10% per jaar voor de S&P 500.
Uitleg over hoe samengestelde interest het rendement over tientallen jaren vergroot.

Inflatie verslaan:

Waarom sparen alleen niet genoeg is; de aandelenmarkt helpt de koopkracht te behouden en te laten groeien.

Inkomen genereren:

Dividenduitkerende aandelen als bron van passief inkomen.

Eigendom in bedrijven:

Hoe je door aandelen te kopen mede-eigenaar wordt van het bedrijf en profiteert van het succes.

Flexibiliteit en liquiditeit:

Aandelen kunnen tegen marktwaarde worden verkocht, wat liquiditeit biedt in vergelijking met andere beleggingen zoals onroerend goed.

2.2 Inzicht in de risico's van beleggen op de aandelenmarkt

Elke kans heeft potentiële nadelen. Bewustwording en voorbereiding zijn essentieel:

Marktvolatiliteit:

Prijzen kunnen sterk stijgen en dalen door nieuws, economische omstandigheden of het beleggerssentiment.

Voorbeeld: Dalingen tijdens gebeurtenissen zoals de financiële crisis van 2008 of de pandemie van 2020.

Bedrijfsspecifieke risico's:

Slecht management, concurrentie of schandalen kunnen individuele aandelen doen instorten.

Economische risico's:

Recessies, rentewijzigingen en geopolitieke gebeurtenissen die hele sectoren of markten beïnvloeden.

Liquiditeitsrisico:

Sommige kleinere aandelen kunnen moeilijk snel te verkopen zijn zonder hun prijs te beïnvloeden.

Emotioneel beleggen:

Angst en hebzucht leiden tot slechte beslissingen, zoals paniekverkopen tijdens marktdalingen.

2.3 Risico en beloning in evenwicht brengen

De risico-rendementverhouding:

Hogere potentiële rendementen gaan vaak gepaard met hogere risico's.

Voorbeeld: Veiligere blue-chip aandelen vergelijken met speculatieve aandelen met een hoog risico.

De rol van tijd:

Hoe beleggen op lange termijn de volatiliteit op korte termijn

verzacht. Nadruk op geduld en discipline.

Diversificatie als schild:

Investeringen spreiden over sectoren en activaklassen om risico's te beperken.

2.4 Risico's effectief beheren

Actiegerichte strategieën om blootstelling aan verliezen te

minimaliseren: Assetallocatie:

Beleggingen verdelen over aandelen, obligaties en contanten op basis van je doelen en risicotolerantie.

Portefeuillediversificatie:

Concentratie in één aandeel, sector of geografie vermijden.
Voorbeeld: Een gebalanceerde portefeuille met technologie, gezondheidszorg,
consumptiegoederen en energieaandelen.

Stop-Loss orders instellen:

Verkoop automatiseren als aandelenkoersen dalen tot een vooraf ingesteld niveau om verliezen te beperken.

Hefboom vermijden:

Risico's van geld lenen om te investeren.

Jezelf leren:

Op de hoogte blijven van de markt en trends.

2.5 Risico afstemmen op uw persoonlijke profiel

Beoordeling van risicotolerantie:
Vragen om te bepalen of je conservatief, gematigd of agressief bent.
Voorbeeld: Hoe zou jij je voelen als je portefeuille in een week tijd 20% daalde?
Overwegingen voor de levensfase:
Jongere beleggers kunnen meer risico's nemen voor langetermijngroei.
Gepensioneerden kunnen prioriteit geven aan stabiliteit en inkomen.

2.6 Casestudies: Risico en beloning in evenwicht brengen

Succesverhaal:

Een jonge belegger die indexfondsen gebruikt om in 30 jaar vermogen op te bouwen.

Waarschuwend verhaal:

Een speculatieve handelaar die geld verliest door zonder onderzoek achter "tips" aan te gaan.

Conclusie:

Beleggen op de aandelenmarkt biedt enorme voordelen, maar brengt ook risico's met zich mee. Als u deze risico's begrijpt en weet hoe u ze kunt beheersen, kunt u weloverwogen en zelfverzekerd beslissingen nemen. Het volgende hoofdstuk begeleidt u bij het leggen van een sterke basis voor beleggen, te beginnen met duidelijke doelen en de juiste hulpmiddelen.

Hoofdstuk 3: Instellen voor succes

3.1 Je financiële doelen bepalen

Voordat je gaat investeren, is het cruciaal om duidelijke doelen te stellen. Overweeg deze gemeenschappelijke doelen:

Doelen op korte termijn: Sparen voor een auto, vakantie of noodfonds (tijdsbestek: 1-3 jaar).

Soorten beleggingen: Hoogrentende spaarrekeningen of conservatieve ETF's.

Doelen op middellange termijn: Een huis kopen, een opleiding financieren of een bedrijf starten (tijdsbestek: 3-10 jaar).

Soorten beleggingen: Evenwichtige mix van aandelen en obligaties.

Doelen op lange termijn: Pensioen of vermogen opbouwen (tijdsbestek: 10+ jaar).

Soorten beleggingen: Breed samengestelde indexfondsen, groeiaandelen en dividendaandelen.

Actiestap: Schrijf je doelen op met tijdlijnen om je investeringsdoel te verduidelijken.

3.2 Uw risicotolerantie inschatten

Begrijpen hoeveel risico je wilt nemen is de sleutel tot het samenstellen van een portefeuille die bij je past:

Risicotolerantieniveaus:

Conservatief: Geef prioriteit aan het behouden van kapitaal met lagere rendementen.

Gematigd: Bereid om gematigde risico's te accepteren voor evenwichtige groei.

Agressief: Comfortabel met volatiliteit voor een hoger potentieel rendement.

Factoren die risicotolerantie beïnvloeden:

Leeftijd: Jongere beleggers hebben doorgaans een hogere risicotolerantie vanwege een langere tijdshorizon.

Inkomensstabiliteit en financiële verplichtingen: Een stabiel inkomen maakt een hoger risico mogelijk.

Persoonlijkheid: Hoe je omgaat met stress tijdens marktdalingen.

Actiestap: Doe een quiz over risicotolerantie om uw comfortniveau te bepalen.

3.3 Een noodfonds opzetten

Zorg dat je een financieel vangnet hebt voordat je gaat investeren:

Waarom het essentieel is: Beschermt je tegen het moeten verkopen van beleggingen in noodsituaties.

Hoeveel te sparen: 3-6 maanden levensonderhoud op een zeer liquide rekening met weinig risico.

Waar moet je het houden: Hoogrentende spaarrekeningen of geldmarktfondsen.

Actiestap: Bereken je maandelijkse uitgaven en begin met het opbouwen van een noodfonds als je dat nog niet hebt.

3.4 De juiste effectenrekening kiezen

Uw brokerage account is uw toegangspoort tot de aandelenmarkt. Belangrijkste overwegingen:

Soorten rekeningen:

Standaard effectenrekening: Biedt flexibiliteit zonder beperkingen op opnames.

Pensioenrekeningen: Rekeningen met belastingvoordeel zoals IRA's of 401(k)s voor langetermijndoelen.

Kenmerken om naar te zoeken:

Lage vergoedingen en

commissies

Gebruiksvriendelijke

platforms

Toegang tot onderzoekshulpmiddelen en onderwijsbronnen

Beschikbaarheid van klantenservice

Populaire online brokers voor beginners:

Fidelity, Charles Schwab, TD Ameritrade, Robinhood en E*TRADE.

Actiestap: Vergelijk makelaars en kies er een die bij uw behoeften past.

3.5 Inzicht in de vereisten voor initiële investering

Klein beginnen: Bij veel brokers kunt u met slechts $5 beginnen door fractionele aandelen te gebruiken.

Budgetteren voor investeringen: Wijs een percentage van je inkomen, bijvoorbeeld 10-20%, toe aan beleggen.

Overextensie vermijden: Investeer alleen wat je je kunt veroorloven om te verliezen zonder je essentiële uitgaven te beïnvloeden.

Actiestap: Bepaal uw initiële investeringsbedrag en stel een maandelijkse bijdrage als doel.

3.6 De juiste mentaliteit voor succes ontwikkelen

Succesvol beleggen vereist meer dan geld; het vereist de juiste mentaliteit:

Geduld: Begrijp dat het opbouwen van rijkdom tijd kost.

Discipline: Blijf bij je strategie, zelfs tijdens marktschommelingen.

Voortdurend leren: Blijf nieuwsgierig en op de hoogte van markttrends en strategieën.

Emotionele controle: Vermijd impulsieve beslissingen die worden gedreven door angst of hebzucht.

Actiestap: Zet je in voor langetermijndenken door affirmaties op te schrijven over je investeringstraject.

3.7 Automatische bijdragen instellen

Het automatiseren van je investeringen vereenvoudigt het proces en zorgt voor consistentie:

Voordelen:

Neemt de verleiding weg om de markt te timen.

Bouwt gestaag rijkdom op in de loop van de tijd.

Hoe automatiseren?

Stel terugkerende overboekingen in van uw bank naar uw effectenrekening.

Gebruik robo-adviseurs voor geautomatiseerd portefeuillebeheer.

Actiestap: Stel een automatische maandelijkse overschrijving in naar uw effectenrekening.

3.8 Vooruitgang bijhouden en doelen bijstellen

Je financiële doelen en omstandigheden kunnen na verloop van tijd veranderen. Regelmatige herzieningen helpen je op koers te blijven:

Volg de prestaties van uw portefeuille: Vergelijk rendementen met uw doelbenchmarks.

Bekijk de doelen opnieuw: Pas tijdlijnen of bijdragen aan als dat nodig is.

Blijf flexibel: Zorg dat je klaar bent om je strategieën aan te passen aan veranderingen in je leven.

Actiestap: Maak elk kwartaal een afspraak om je doelen en portfolio te bekijken.

Conclusie:

Door duidelijke doelen te stellen, je financieel voor te bereiden en de juiste hulpmiddelen te kiezen, leg je een sterke basis voor beurssucces. Het volgende hoofdstuk gaat in op de verschillende soorten beleggingen die beschikbaar zijn om je te helpen je portefeuille te diversifiëren en te optimaliseren.

Hoofdstuk 4: Soorten Investeringen in de aandelenmarkt

4.1 Gewone aandelen

Definitie: Een aandeel dat eigendom in een bedrijf vertegenwoordigt, met stemrecht op aandeelhoudersvergaderingen.

Belangrijkste kenmerken:

Biedt potentieel voor vermogensgroei naarmate het bedrijf groeit.

Kan dividend uitkeren, maar niet gegarandeerd.

Voorbeeld: Apple (AAPL) of Tesla (TSLA).

Voordelen:

Hoog groeipotentieel.

Stemrecht geeft aandeelhouders inspraak in belangrijke beslissingen van het bedrijf.
Minpunten:

Groter risico op prijsvolatiliteit.

Dividenduitkeringen kunnen fluctueren of stopgezet worden tijdens financiële problemen.

4.2 Preferente aandelen

Definitie: Een aandelentype met vaste dividenduitkeringen en voorrang op gewone aandeelhouders bij liquidatie.

Belangrijkste kenmerken:

Geeft meestal geen stemrecht.

Meer stabiele inkomsten vergeleken met gewone aandelen.

Voordelen:

> Betrouwbare dividendinkomsten.

> Lagere volatiliteit dan gewone aandelen.

Minpunten:

> Beperkt groeipotentieel vergeleken met gewone aandelen.

> Minder liquiditeit in de markt.

4.3 Exchange-Traded Funds (ETF's)

Definitie: Beleggingsfondsen die op aandelenbeurzen handelen en een gediversifieerde portefeuille van activa aanhouden.

Belangrijkste kenmerken:

> Volgt indices (bijv. S&P 500), sectoren of specifieke thema's.

> Voorbeeld: SPDR S&P 500 ETF (SPY) of Vanguard Total Stock Market ETF (VTI).

Voordelen:

> Directe diversificatie.

> Lage kostenratio's en beheerkosten. Gemakkelijk te kopen en verkopen zoals individuele aandelen.

Minpunten:

> Geen controle over de individuele activa in het fonds.

> Beperkt potentieel voor extra grote winsten in vergelijking met individuele aandelenselectie.

4.4 Onderlinge fondsen

Definitie: Beleggingsfondsen die geld van meerdere beleggers samenbrengen om te beleggen in een professioneel beheerde portefeuille van activa.

Belangrijkste kenmerken:

Actief beheerd door fondsbeheerders.

Voorbeeld: Fidelity Contrafund of Vanguard 500 Index Fund.

Voordelen:

Professioneel beheer vereenvoudigt beleggen. Diversificatie vermindert risico.

Minpunten:

Hogere kosten in vergelijking met ETF's.

De prestaties van het fonds zullen de markt mogelijk niet consequent verslaan.

4.5 Indexfondsen

Definitie: Een type beleggingsfonds of ETF dat een specifieke marktindex volgt, zoals de S&P 500 of NASDAQ.

Belangrijkste kenmerken:

Passief beheerd om de prestaties van de index te weerspiegelen.

Voordelen:

Extreem lage kosten.

Historisch betrouwbare rendementen op lange termijn.

Minpunten:

    Beperkt tot de prestaties van de index die het volgt.

    Geen flexibiliteit om holdings aan te passen tijdens marktveranderingen.

4.6 Dividenduitkerende aandelen

Definitie: Aandelen van bedrijven die regelmatig een deel van hun winst als dividend uitkeren aan de aandeelhouders.

Belangrijkste kenmerken:

    Voorbeelden: Coca-Cola (KO) of Procter & Gamble (PG).

    Dividenden kunnen opnieuw worden geïnvesteerd om de groei samen te stellen.

Voordelen:

    Betrouwbare inkomstenstroom, zelfs tijdens marktdalingen.

    Potentieel voor zowel inkomsten als vermogensgroei.

Minpunten:

    Dividenduitkeringen zijn niet gegarandeerd.

    Lager groeipotentieel in vergelijking met snelgroeiende aandelen.

4.7 Groei aandelen

Definitie: Aandelen van bedrijven waarvan verwacht wordt dat de winstgroei boven het gemiddelde van de markt zal liggen.

Belangrijkste kenmerken:

    Voorbeelden: Amazon (AMZN) of Nvidia (NVDA).

Herinvesteren winsten vaak in uitbreiding in plaats van dividend uit te keren.

Voordelen:

Hoog potentieel voor aanzienlijke vermogenswinst.

Vertegenwoordigt innovatieve, goed presterende sectoren.

Minpunten:

Groter risico en volatiliteit.

Het kan jaren duren voordat het rendement zichtbaar wordt.

4.8 Waardeaandelen

Definitie: Aandelen die tegen een lagere prijs worden verhandeld in verhouding tot hun fundamentals (bijv. winst, dividend).

Belangrijkste kenmerken:

Voorbeelden: JPMorgan Chase (JPM) of Berkshire Hathaway (BRK.A).

Vaak volwassen bedrijven met stabiele inkomsten.

Voordelen:

Potentieel voor prijsstijging als de markt onderwaardering "corrigeert".

Lager neerwaarts risico in vergelijking met speculatieve aandelen.

Minpunten:

De groei kan langzamer zijn dan het marktgemiddelde.

Vereist geduld om rendement te zien.

4.9 Sectorspecifieke investeringen

Definitie: Gerichte investeringen in specifieke sectoren zoals technologie, gezondheidszorg, energie of vastgoed.

Belangrijkste kenmerken:

Voorbeelden: Technologie ETF's of Real Estate Investment Trusts (REIT's).

Voordelen:

Maakt het mogelijk te focussen op sectoren met een sterke groei of

grote vraag. Verbetert portefeuillediversificatie.

Minpunten:

Geconcentreerd risico in één sector. Kwetsbaar

voor sectorspecifieke neergang.

4.10 Je portefeuille in evenwicht brengen met verschillende types

Waarom diversificatie belangrijk is: Door je beleggingen te spreiden over verschillende soorten, verlaag je het algemene risico.

Voorbeeld portefeuilleverdeling voor beginners:

60% in indexfondsen of ETF's.

20% in dividendaandelen. 10% in

groeiaandelen.

10% in sectorspecifieke investeringen.

Actiestap: Begin met het selecteren van 1-2 soorten beleggingen die bij uw doelen passen en breid geleidelijk uit naarmate u meer vertrouwen krijgt.

Conclusie:

Inzicht in de verschillende soorten beursbeleggingen is de eerste stap in het samenstellen van een goed afgeronde portefeuille. In het volgende hoofdstuk leer je hoe je strategieën kunt ontwikkelen om deze beleggingen te combineren op basis van je persoonlijke doelen en risicotolerantie.

Hoofdstuk 5: Uw beleggingsstrategie opbouwen

5.1 Het belang van een strategie

Beleggen zonder een duidelijk plan is als navigeren zonder kaart. Dit is waarom een strategie cruciaal is:

Begeleidt je beslissingen: Houdt je op één lijn met je financiële doelen.

Bereidt je voor op volatiliteit: Vermindert emotionele besluitvorming tijdens marktschommelingen.

Optimaliseert uw middelen: Zorgt ervoor dat uw geld effectief voor u werkt.

Kernidee: Een goede strategie brengt risico en beloning in evenwicht en past zich aan uw individuele omstandigheden aan.

5.2 Uw beleggingsdoelstellingen bepalen

Je strategie begint met het bepalen van je doelen.

Doelstellingen op korte termijn: Doelen binnen 1-3 jaar, zoals sparen voor een aanbetaling voor een huis.

Voorbeeldstrategie: Focus op beleggingen met een laag risico, zoals obligaties of geldmarktfondsen.

Doelstellingen op lange termijn: Doelen over meer dan 10 jaar, zoals pensioen.

Voorbeeldstrategie: Leg de nadruk op groeibeleggingen zoals aandelen en indexfondsen.

Combinatiedoelen: Meerdere tijdlijnen in evenwicht brengen met gediversifieerde portefeuilles.

Actiestap: Schrijf je doelstellingen op en de tijdschema's om ze te bereiken.

5.3 Uw assetallocatie bepalen

Assetallocatie is hoe je je beleggingen verdeelt over verschillende activaklassen, zoals aandelen, obligaties en contanten.

Waarom het belangrijk is:

Controleert het risico-rendementsprofiel van je portefeuille. Sluit aan bij je financiële doelen en risicotolerantie.

Gemeenschappelijke toewijzingsmodellen:

Agressief: 80-90% in aandelen, 10-20% in obligaties/cash.

Gematigd: 60-70% in aandelen, 30-40% in obligaties/cash.

Conservatief: 30-50% in aandelen, 50-70% in obligaties/cash.

Aanpassen in de loop van de tijd:

Verschuif naar meer conservatieve allocaties als je pensioen nadert.

Voorbeeldregel: De "110 Minus Leeftijd" regel - Trek je leeftijd af van 110 om het percentage aandelen in je portefeuille te bepalen.

Actiestap: Kies een assetallocatie die uw doelen en risicotolerantie weerspiegelt.

5.4 Diversificatie: Risico's spreiden over beleggingen

Diversificatie beschermt je portefeuille door de afhankelijkheid van één belegging te verminderen.

Wat te diversifiëren:

Over activaklassen heen: Aandelen, obligaties, ETF's, onroerend goed, enz.

Binnen activaklassen: Beleg in verschillende sectoren, bedrijfstakken en regio's.

Waarom het werkt:

Een slecht presterende investering wordt gecompenseerd door beter presterende investeringen.

Voorbeeld: Techaandelen kunnen dalen, maar aandelen in de gezondheidszorg kunnen stijgen tijdens een recessie.

Actiestap: Stel een portefeuille samen met een mix van activa en sectoren om het totale risico te beperken.

5.5 Kiezen tussen actieve en passieve strategieën

Actief beleggen:

Veelvuldig kopen en verkopen van aandelen om beter te presteren dan de markt.

Vereist aanzienlijk onderzoek, tijd en expertise.

Voorbeeld: Aandelenpicking of beleggen in actief beheerde fondsen.

Passief beleggen:

Richt zich op het evenaren van marktprestaties in plaats van ze te verslaan.

Voorbeeld: Beleggen in indexfondsen of ETF's.

Wat past bij jou?

Beginners profiteren vaak van passieve strategieën vanwege de eenvoud en lagere kosten.

Actiestap: Beslis of u de voorkeur geeft aan hands-on (actief) of hands-off (passief) beleggen.

5.6 Dollar-Cost Averaging: Een beginnersvriendelijke aanpak

Wat het is: regelmatig een vast bedrag beleggen, ongeacht de marktomstandigheden.

Hoe het werkt:

Koopt meer aandelen als de prijzen laag zijn en minder als de prijzen hoog zijn.

Vermindert de impact van marktvolatiliteit.

Voorbeeld: Elke maand $ 200 beleggen in een ETF.

Waarom het effectief is:

Vereenvoudigt beleggen en neemt de verleiding weg om de markt te timen.

Actiestap: Stel automatische bijdragen in om dollar-cost averaging te implementeren.

5.7 Uw portefeuille opnieuw in evenwicht brengen

Wat het is: Je portefeuille periodiek aanpassen om de gewenste activaspreiding te behouden.

Waarom het belangrijk is:

Voorkomt overmatige blootstelling aan één activaklasse.

Vergrendelt de winst en zorgt ervoor dat deze in lijn is met uw risicotolerantie.

Voorbeeld: Als aandelen groeien van 60% naar 75% van je portefeuille, verkoop dan wat aandelen of voeg obligaties toe om opnieuw in evenwicht te komen.

Hoe vaak herbalanceren?

Jaarlijks of wanneer toewijzingen aanzienlijk afwijken van je doelstelling.

Actiestap: Plan een jaarlijkse evaluatie om uw portefeuille opnieuw in evenwicht te brengen.

5.8 Emotionele valkuilen beheren

Vermijd veelvoorkomende fouten:

FOMO (Fear of Missing Out): Kopen in door een hype gedreven aandelen.

Paniek verkopen: Emotioneel reageren op marktdalingen.

Overmoed: Het nemen van buitensporige risico's na een paar overwinningen.

Strategieën om gedisciplineerd te

blijven: Focus op

langetermijndoelen.

Negeer dagelijkse marktruis en mediasensatie. Blijf bij je plan, zelfs tijdens volatiliteit.

Actiestap: Maak een checklist om jezelf te herinneren aan je langetermijnstrategie tijdens marktturbulentie.

5.9 Praktijkvoorbeelden: Toepassingen in de praktijk Casestudie 1: Een groeiportefeuille voor beginners

Investeerder: 30-jarige die spaart voor zijn pensioen.

Strategie: 80% in indexfondsen, 10% in sector-ETF's, 10% in obligaties.

Resultaat: Gestage groei over 10 jaar door middel van dollar-kostengemiddelde.

Casestudie 2: Een conservatieve benadering voor een bijna-gepensioneerde belegger: 60-jarige die zich op zijn pensioen voorbereidt.

Strategie: 40% in dividendaandelen, 40% in obligaties, 20% in REIT's.

Resultaat: Consistent inkomen met minimaal risico.

Conclusie:

Een goed uitgewerkte beleggingsstrategie is uw blauwdruk voor financieel succes. Door duidelijke doelen te stellen, je portefeuille te diversifiëren en je emoties te beheersen, kun je met vertrouwen door de aandelenmarkt navigeren. In het volgende hoofdstuk gaan we dieper in op het analyseren van aandelen en het lezen van financiële rapporten om weloverwogen investeringsbeslissingen te nemen.

Hoofdstuk 6: Aandelen analyseren - Hoe je weloverwogen investeringsbeslissingen neemt

6.1 Het belang van aandelenanalyse

Beleggen in aandelen is geen gok als je het met de juiste informatie benadert. Aandelen analyseren helpt je:

De gezondheid van het bedrijf begrijpen: Evalueer de financiële kracht en stabiliteit.

Beoordeel groeipotentieel: Mogelijkheden voor vermogensgroei identificeren.

Risico beheren: Vermijd overgewaardeerde of slecht presterende bedrijven.

Kernidee: Een goede belegger is ook een goede onderzoeker.

6.2 Fundamentele analyse: Graven in de basis

Fundamentele analyse evalueert de intrinsieke waarde van een bedrijf door de financiële en zakelijke prestaties te onderzoeken.

6.2.1 Jaarrekeningen begrijpen Winst-en-

verliesrekening:

Houdt inkomsten, uitgaven en netto-inkomsten bij.

Belangrijke maatstaven: Inkomstengroei, Nettowinstmarge.

Voorbeeld: Een bedrijf met groeiende inkomsten en stabiele marges vertoont winstgevendheid.

Balans:

Geeft een overzicht van de activa, passiva en het eigen vermogen van een bedrijf.

Kerncijfers: Schuld/Eigen Vermogen Ratio, Current Ratio.

Voorbeeld: Een bedrijf met hoge schulden ten opzichte van eigen vermogen kan financieel instabiel zijn.

Kasstroomoverzicht:

Laat zien hoe geld wordt gegenereerd en gebruikt.

Kerncijfers: Vrije kasstroom, operationele kasstroom.

Voorbeeld: Een positieve kasstroom geeft aan dat het bedrijf zijn activiteiten en groei kan handhaven.

6.2.2   Belangrijkste financiële ratio's

Koers-winstverhouding:

Meet de aandelenprijs ten opzichte van de winst per aandeel (EPS).

Een hoge Koers/Winst Groei kan duiden op overwaardering; een lage Koers/Winst Groei kan duiden op een koopje.

Debt-to-Equity (D/E) Ratio:

Vergelijkt de totale schuld met het eigen vermogen

van aandeelhouders. Lagere ratio's wijzen vaak op

financiële stabiliteit.

Rendement op eigen vermogen (ROE):

Laat zien hoe effectief het management eigen vermogen gebruikt om winst te genereren.

Een hogere ROE wijst op een betere efficiëntie.

Actiestap: Gebruik gratis bronnen zoals Yahoo Finance of Morningstar om toegang te krijgen tot financiële overzichten en ratio's.

6.3   Technische analyse: Trends in de markt begrijpen

Technische analyse richt zich op aandelenkoersbewegingen en handelsvolume om patronen te identificeren.

6.3.1   Veelvoorkomende diagrammen en patronen

Lijngrafieken: Houdt de aandelenkoers in de tijd bij; geweldig voor beginners.

Kandelaargrafieken: Geeft gedetailleerde informatie over prijsbewegingen binnen een bepaalde periode.

Belangrijke patronen:

Kop en schouders: Duidt op een potentiële trendomkering. Dubbele bodem: Wijst op een bullish (opwaartse) omkering.

6.3.2 Populaire technische indicatoren Bewegende gemiddelden:

Simple Moving Average (SMA) vlakt prijsgegevens af voor een duidelijker trendbeeld.

Voorbeeld: De kruising van de 50-daagse SMA boven de 200-daagse SMA is vaak een bullish signaal.

Relatieve Sterkte Index (RSI):

Meet overgekochte of oververkochte condities (schaal van 0-). 100).

RSI boven 70: Aandeel is mogelijk overgekocht. RSI onder 30: Het aandeel is mogelijk oververkocht.

Volumeanalyse:

Stijgend volume bevestigt de kracht van een prijstrend.

Actiestap: Gebruik platforms zoals TradingView om te oefenen met het lezen van grafieken en het toepassen van technische indicatoren.

6.4 Kwalitatieve analyse: Verder dan de cijfers

Kijk naar factoren die van invloed zijn op het succes van een bedrijf op de lange termijn, maar die niet altijd terug te vinden zijn in de financiële gegevens.

6.4.1 Management en leiderschap

Beoordeel de ervaring, reputatie en staat van dienst van de leidinggevenden van het bedrijf.

Voorbeeld: Een CEO met een geschiedenis van succesvolle turnarounds kan wijzen op sterk leiderschap.

6.4.2 Concurrentievoordeel (Moat)

Bedrijven met unieke producten, merkentrouw of kostenvoordelen doen het vaak beter dan concurrenten.

Voorbeeld: De wereldwijde merkbekendheid van Coca-Cola is een belangrijk concurrentievoordeel.

6.4.3 Trends in de sector

Identificeer groeisectoren en bedrijven die in een goede positie verkeren om hiervan te profiteren.
Voorbeeld: Hernieuwbare energie zal de komende tien jaar naar verwachting aanzienlijk groeien.

Actiestap: Lees jaarverslagen en nieuws uit de sector om inzicht te krijgen in kwalitatieve factoren.

6.5 Waardering van aandelen evalueren

Bepalen of een aandeel overgewaardeerd, ondergewaardeerd of redelijk gewaardeerd is, helpt bij het nemen van aankoopbeslissingen.

6.5.1 Intrinsieke waarde-benadering

Bereken de huidige waarde van de toekomstige kasstromen van een

bedrijf. Hulpmiddelen: DCF-analyse (Discounted Cash Flow).

6.5.2 Relatieve Waarderingsmethode

Vergelijk de statistieken van een aandeel (bijv. koers-winstverhouding) met die van gelijken of sectorgemiddelden.

Voorbeeld: Als de koers-winstverhouding van bedrijf A 15 is en het sectorgemiddelde 20, dan kan het bedrijf ondergewaardeerd zijn.

6.5.3 Markt Sentiment Benadering

Houd rekening met bredere marktomstandigheden die de aandelenkoersen beïnvloeden.

Voorbeeld: Aandelen worden vaak ondergewaardeerd tijdens recessies door verkopen op basis van angst.

Actiestap: Gebruik online calculators en analistenrapporten om waarderingen in te schatten.

6.6 Hulpmiddelen voor aandelenanalyse

Maak gebruik van technologie en middelen om de analyse van aandelen te vereenvoudigen.

Gratis gereedschap:

Yahoo Finance: Financiële overzichten en marktgegevens.

Google Finance: Vereenvoudigd bijhouden van prestaties.

Premium tools:

Morningstar: Diepgaande onderzoeksrapporten en ratings.

Bloomberg-terminal: Geavanceerde analyses (het beste voor professionals).

Leermiddelen:

Boeken: De intelligente belegger van Benjamin Graham.

Online cursussen: Platforms zoals Udemy of Coursera bieden beginnersvriendelijke cursussen aan.

Actiestap: Kies één of twee hulpmiddelen om te beginnen met het analyseren van aandelen.

6.7 Casestudie: Een echt aandeel analyseren

Aandeel: Apple Inc. (AAPL).

Stap 1: Jaarrekeningen bekijken:

Inkomstengroei: Consistente groei in de afgelopen 5 jaar.

Nettowinstmarge: Sterk met 25%, wat efficiëntie weerspiegelt.

Stap 2: Verhoudingen toepassen:

Koers/winstverhouding: 28 (hoger dan het sectorgemiddelde, wat duidt op een hogere waardering).

ROE: 30% (wijst op efficiënt gebruik van eigen vermogen).

Stap 3: Kwalitatieve factoren beoordelen:

Sterke merkentrouw en een gediversifieerde productportefeuille.

Het leiderschap onder Tim Cook heeft innovatie in stand gehouden.

Conclusie: Hoewel Apple sterk presteert, suggereert de waardering een beperkte opwaartse tenzij de toekomstige groei versnelt.

Conclusie

Het analyseren van aandelen is een combinatie van kwantitatieve en kwalitatieve evaluatie. Als je deze technieken onder de knie hebt, kun je goed geïnformeerde beleggingsbeslissingen nemen en een portefeuille samenstellen die is afgestemd op jouw doelen. In het volgende hoofdstuk gaan we dieper in op risicobeheerstrategieën om uw beleggingen te beschermen.

Hoofdstuk 7: Risico beheren en uw portefeuille diversifiëren

7.1 Inzicht in beleggingsrisico

Risico is een inherent onderdeel van beleggen, maar als u het begrijpt, kunt u het effectief beheren.

7.1.1 Soorten risico's

Marktrisico: Het risico van verliezen als gevolg van algemene marktbewegingen (bijvoorbeeld een daling van de aandelenmarkt).

Kredietrisico: Het risico dat een emittent van obligaties zijn betalingen niet nakomt.

Liquiditeitsrisico: Moeilijkheid om een belegging te verkopen zonder de prijs ervan aanzienlijk te beïnvloeden.

Inflatierisico: Het risico dat de inflatie de koopkracht van je belegging uitholt.

Renterisico: De impact van veranderende rentetarieven, vooral op obligaties.

7.1.2 Risicotolerantie

Je risicotolerantie bepaalt hoeveel waardeschommelingen je aankunt.

Lage risicotolerantie: Focus op obligaties en stabiele activa.

Hoge risicotolerantie: Comfortabeler met aandelen en volatiele markten.

Actiestap: Vul een online vragenlijst over risicotolerantie in om meer inzicht te krijgen in uw risicotolerantie.

7.2 De rol van diversificatie in het verminderen van risico's

Diversificatie spreidt je beleggingen over verschillende activaklassen, sectoren en regio's om het risico te verminderen.

7.2.1 Spreiden over activaklassen

Aandelen: Bieden groei, maar zijn volatieler.

Obligaties: Bieden stabiliteit en inkomen, als tegenwicht voor de volatiliteit van aandelen.

Onroerend goed (REIT's): Voegt een extra diversificatielaag toe met potentieel voor gestage rendementen.

Kasequivalenten: Activa met een laag risico zoals geldmarktfondsen voor liquiditeit.

7.2.2 Diversifiëren binnen activaklassen

Aandelen: Beleg in verschillende sectoren (technologie, gezondheidszorg, energie, enz.) en regio's (binnenlands vs. internationaal).

Obligaties: Neem een mix op van staatsobligaties, gemeentelijke obligaties en bedrijfsobligaties.

Voorbeeld: Een portefeuille zou 60% kunnen toewijzen aan aandelen (verdeeld over technologie, gezondheidszorg en energie), 30% aan obligaties (verdeeld over bedrijven en overheid) en 10% aan REIT's.

Actiestap: Herzie uw portefeuille om ervoor te zorgen dat deze gediversifieerd is over sectoren en regio's.

7.3 Volatiliteit beheren

Volatiliteit verwijst naar de mate van variatie in de prijs van een actief in de loop van de tijd.

7.3.1 Strategieën om volatiliteit te beheren

Beleg regelmatig: Gebruik dollar-cost averaging om de impact van prijsschommelingen te beperken.

Focus op langetermijndoelen: Schommelingen op korte termijn zijn minder belangrijk over langere perioden.

Vermijd overconcentratie: Zorg ervoor dat niet één aandeel of sector je portefeuille domineert.

7.3.2 Omgaan met marktcorrecties

Wat is een correctie? Een daling van 10% of meer in een aandeel of marktindex.

Hoe te reageren:

Heroverweeg je langetermijnstrategie in plaats van paniekverkoop. Overweeg om ondergewaardeerde aandelen te kopen tijdens correcties.

Actiestap: Maak een checklist voor het omgaan met volatiliteit, zoals het herzien van langetermijndoelen voordat je beslissingen neemt.

7.4 Afdekkingsstrategieën

Hedging houdt in dat je beleggingen gebruikt om potentiële verliezen in je portefeuille te compenseren.

7.4.1 Veelgebruikte afdekkingsinstrumenten

Opties: Gebruik puts en calls om je te beschermen tegen prijsdalingen of om prijzen vast te zetten.

Inverse ETF's: Winst als de markt daalt.

Grondstoffen: Goud en andere grondstoffen fungeren vaak als een afdekking tegen inflatie en marktinstabiliteit.

Voorbeeld: Het kopen van een putoptie voor een aandeel in je portefeuille kan verliezen beperken als de aandelenkoers daalt.

Actiestap: Onderzoek elementaire optiestrategieën of raadpleeg een financieel adviseur voordat u afdekkingsinstrumenten implementeert.

7.5 De rol van assetallocatie

Assetallocatie brengt risico en beloning in evenwicht door je portefeuille te verdelen over verschillende activaklassen.

7.5.1 Toewijzingsmodellen

Agressief: Hoge blootstelling aan aandelen (bijv. 80% aandelen, 20% obligaties) voor langetermijngroei.

Gematigd: Evenwichtige mix van aandelen en obligaties (bijv. 60% aandelen, 40% obligaties).

Conservatief: Gericht op behoud van kapitaal (bijv. 40% aandelen, 60% obligaties).

7.5.2 Je toewijzing aanpassen na verloop van tijd

Verlaag je aandelenblootstelling en verhoog je obligaties naarmate je pensioen nadert.

Voorbeeld: Verschuif van 80% aandelen en 20% obligaties op 30-jarige leeftijd naar 40% aandelen en 60% obligaties op 60-jarige leeftijd.

Actiestap: Kies een allocatiemodel op basis van uw doelen, risicotolerantie en tijdshorizon.

7.6 Een noodfonds creëren

Een noodfonds biedt een financieel vangnet en voorkomt dat je in je beleggingen moet tasten.

7.6.1 Hoeveel besparen?

3-6 maanden levensonderhoud.

Richt je op 6-12 maanden voor beroepen met een hoger risico of volatiele inkomens.

7.6.2 Waar te bewaren

Hoogrentende spaarrekeningen of geldmarktfondsen. Zorg

ervoor dat het fonds gemakkelijk toegankelijk is en weinig

risico's met zich meebrengt.

Actiestap: Bereken je maandelijkse uitgaven en stel automatische overschrijvingen in om je noodfonds op te bouwen.

7.7 Je portefeuille monitoren en herbalanceren

Herbalanceren zorgt ervoor dat je portefeuille in lijn blijft met je beoogde assetallocatie.

7.7.1 Wanneer herbalanceren?

Geplande herbalancering: Jaarlijks of halfjaarlijks.

Herbalanceren op drempel: Wanneer een activaklasse een vastgestelde afwijking overschrijdt (bijv. 5-10% van het doel).

7.7.2 Hoe het evenwicht herstellen

Verkoop te goed presterende activa of voeg fondsen toe aan minder goed presterende activa.

Voorbeeld: Als aandelen groeien van 60% naar 70% van je portefeuille, verkoop dan wat aandelen en koop obligaties om het evenwicht te herstellen.

Actiestap: Stel een agendaherinnering in om je portfolio regelmatig te bekijken.

7.8 Casestudie: Risico beheren in een echte portefeuille

Investeerder: 40-jarige die spaart voor zijn pensioen met een matige risicotolerantie.

Portefeuille vóór diversificatie:

80% in tech-aandelen, 20% in obligaties.

Gediversifieerde portefeuille:

60% aandelen (technologie, gezondheidszorg, consumptiegoederen), 30% obligaties (bedrijven en overheid), 10% REIT's.

Voorbeeld van herbalancering:

Na 1 jaar groeien de aandelen naar 70%. Herbalanceren herstelt de allocatie naar 60% aandelen en 30% obligaties.

Resultaat: Minder risico en meer stabiliteit zonder in te boeten aan groeipotentieel.

Conclusie

Risicobeheer en diversificatie zijn de hoekstenen van succesvol beleggen. Door beleggingen te spreiden over verschillende activaklassen en uw portefeuille regelmatig te controleren, kunt u uzelf beschermen tegen buitensporige verliezen terwijl u op koers blijft naar uw financiële doelen. In het volgende hoofdstuk gaan we dieper in op de kracht van gedisciplineerd blijven en consequent beleggen om rijkdom op lange termijn op te bouwen.

Hoofdstuk 8: De kracht van consistentie - De kracht van consistentie Bouwen aan de lange termijn Rijkdom

8.1 Het belang van consistentie bij beleggen

Rijkdom opbouwen gaat niet over het timen van de markt; het gaat over gedisciplineerd blijven en consequent beleggen.

Belangrijkste idee: Kleine, regelmatige investeringen kunnen na verloop van tijd aanzienlijk groeien dankzij de kracht van samenstellen.

Voorbeeld: $200 per maand investeren gedurende 30 jaar met een jaarlijks rendement van 8% levert ongeveer $300.000 op, ook al heb je maar $72.000 bijgedragen.

8.2 De rol van Dollar-Cost Averaging (DCA)

Dollar-cost averaging houdt in dat je regelmatig een vast bedrag belegt, ongeacht de marktomstandigheden.

8.2.1 Voordelen van DCA

Vermindert het nemen van emotionele beslissingen: Vermijdt de drang om de markt te timen.

Koopt meer aandelen wanneer de prijzen laag zijn: Dit verrekent de kosten van aandelen over een langere periode.

Stimuleert discipline: Bouwt een gewoonte op van consequent beleggen.

Voorbeeld:

Belegger A stort maandelijks $ 500 in een indexfonds. Als de koersen laag zijn, kopen ze meer aandelen; als de koersen hoog zijn, kopen ze er minder. Na verloop van tijd blijven hun gemiddelde kosten per aandeel stabiel en lager dan bij onregelmatige forfaitaire beleggingen.

Actiestap: Stel automatische bijdragen aan uw beleggingsrekening in.

8.3 Compounding inzetten om rendement te maximaliseren

Compounding treedt op wanneer uw beleggingen winst genereren en deze winst opnieuw wordt geïnvesteerd om nog meer winst te genereren.

8.3.1 Factoren die van invloed zijn op samenstellen

Tijd: Hoe langer je geld geïnvesteerd blijft, hoe groter het samengestelde effect.

Rendement: Hogere rendementen versnellen de groei. Consistentie:

Regelmatige bijdragen versterken de samenstelling.

Voorbeeld van samengestelde groei:

Investeer $10.000 met een jaarlijks rendement van
8%. Na: 10 jaar: $21.589.
20 jaar: $46.610.
30 jaar: $100.627.

Actiestap: Gebruik een samengestelde rekenmachine om te zien hoe uw beleggingen in de loop van de tijd kunnen groeien.

8.4 Koers houden tijdens marktschommelingen

Markten zijn onvoorspelbaar, maar consistentie behouden tijdens een neergang is de sleutel tot succes op de lange termijn.

8.4.1 Historische context

Voorbeeld: Tijdens de financiële crisis van 2008 daalde de S&P 500 met 37%, maar beleggers die bleven beleggen zagen in de jaren daarna een aanzienlijk herstel.

Les: Dipjes in de markt zijn kansen voor gedisciplineerde beleggers om te kopen tegen lagere prijzen.

8.4.2 Paniek verkopen vermijden

Door te verkopen tijdens een neergang vergrendel je verliezen en kun je niet profiteren van het herstel. Concentreer je in plaats daarvan op je langetermijnplan en negeer kortetermijnruis.

Actiestap: Maak een checklist om op koers te blijven tijdens marktvolatiliteit.

8.5 Uw beleggingen automatiseren

Automatisering vereenvoudigt het investeringsproces en zorgt voor consistentie.

8.5.1 Voordelen van automatisering

Elimineert vergeetachtigheid: Regelmatige bijdragen gebeuren zonder handmatige inspanning.

Vermindert emotionele invloed: Automatisering helpt je vast te houden aan je plan tijdens pieken en dalen in de markt.

8.5.2 Investeringen automatiseren

Zorg voor directe overboekingen van je salaris of bankrekening naar je beleggingsrekening.

Gebruik robo-advisors of beleggingsapps om fondsen automatisch toe te wijzen volgens je strategie.

Actiestap: Onderzoek platforms zoals Vanguard, Fidelity of Betterment om uw beleggingen te automatiseren.

8.6 Doelen stellen en aanpassen in de loop van de tijd

Consistentie betekent niet starheid; je investeringsplan moet zich aanpassen als je doelen en omstandigheden veranderen.

8.6.1 Levensgebeurtenissen die van invloed kunnen zijn op doelen

Huwelijk of scheiding: Veranderingen in huishoudinkomen of financiële prioriteiten.

Carrièreveranderingen: Door schommelingen in het salaris kan het nodig zijn om de bijdragen aan te passen.

Pensioenplanning: Verschuif de focus van groei naar het genereren van inkomen als je pensioen nadert.

8.6.2 Uw voortgang bekijken

Beoordeel de prestaties van je portefeuille jaarlijks.

Controleer of je beleggingen overeenkomen met je huidige risicotolerantie en financiële doelen.

Actiestap: Plan een jaarlijkse herziening van uw portefeuille en financiële doelen.

8.7 De mentaliteit voor de lange termijn

Rijkdom opbouwen kost tijd, geduld en aandacht voor het grote geheel.

8.7.1 Get-Rich-Quick schema's vermijden

Beleggingen die ongewoon hoge rendementen beloven zijn vaak riskant of frauduleus.
Blijf bij bewezen, stabiele groeistrategieën zoals indexfondsen of ETF's.

8.7.2 De kracht van geduld

Voorbeeld: Warren Buffett heeft het grootste deel van zijn rijkdom na zijn 50e vergaard dankzij het compounding-effect.

Les: Hoe vroeger je begint en hoe langer je blijft beleggen, hoe hoger je rendement.

8.7.3 Focus op vooruitgang, niet op perfectie

Consistentie betekent niet dat je nooit fouten maakt, het betekent dat je leert en je na verloop van tijd verbetert.

8.8 Casestudie: Consistent investeren gedurende 20 jaar

Belegger: 25-jarige begint $400 per maand te beleggen in een S&P 500 indexfonds.

Resultaat:

Op 45-jarige leeftijd, met een gemiddeld rendement van 8% per jaar, is hun portefeuille gegroeid tot meer dan $240.000.
Als ze stoppen met bijdragen en het laten groeien tot hun 65e, wordt het meer dan $1.100.000.

Conclusie

Consistentie is de basis van succesvol beleggen. Door bijdragen te automatiseren, gedisciplineerd te blijven tijdens marktvolatiliteit en u te richten op langetermijndoelen, kunt u de kracht van het samenstellen benutten om blijvende rijkdom op te bouwen. In het volgende hoofdstuk gaan we in op belastingstrategieën en andere manieren om uw beleggingsrendement te maximaliseren.

Hoofdstuk 9: Belastingstrategieën en maximaliseren van beleggingsrendement

9.1 Inzicht in de fiscale gevolgen van beleggen

Belastingen kunnen uw beleggingsrendement aanzienlijk beïnvloeden. Weten hoe u door het belastinglandschap moet navigeren is de sleutel tot het maximaliseren van uw winst.

9.1.1 Soorten inkomsten uit beleggingen

Dividenden: Uitkeringen van aandelen of beleggingsfondsen, belast als gewoon inkomen of tegen een lager tarief indien gekwalificeerd.

Meerwaarde: Winst uit de verkoop van een actief voor meer dan de aankoopprijs.

Kapitaalwinst op korte termijn: Activa die korter dan een jaar worden aangehouden, belast tegen uw gewone inkomstenbelastingtarief.

Meerwaarde op lange termijn: Activa die langer dan een jaar worden aangehouden, worden belast tegen lagere tarieven (0%, 15% of 20%, afhankelijk van het inkomen).

Rente-inkomsten: Inkomsten uit obligaties of spaarrekeningen, meestal belast als gewoon inkomen.

Actiestap: Bekijk uw bronnen van beleggingsinkomsten en deel ze in volgens fiscale behandeling.

9.2 Rekeningen met belastingvoordeel

Bepaalde rekeningen helpen belastingen te verlagen of uit te stellen, waardoor je beleggingen efficiënter kunnen groeien.

9.2.1 Pensioenrekeningen

Traditionele IRA/401(k): Bijdragen zijn aftrekbaar van de belasting, maar opnames worden belast bij pensionering.

Roth IRA/401(k): Bijdragen worden gedaan met dollars na belasting, maar opnames bij pensionering zijn belastingvrij.

Voorbeeld: Een jaarlijkse Roth IRA-bijdrage van $6.500 belegd tegen een rendement van 8% over 30 jaar groeit uit tot meer dan $780.000 - belastingvrij opgenomen.

9.2.2 Spaarrekening (HSA)

Bijdragen zijn fiscaal aftrekbaar, de groei is belastingvrij en opnames voor gekwalificeerde medische kosten zijn ook belastingvrij.
Kan fungeren als aanvullende pensioenrekening indien strategisch gebruikt.

9.2.3 529 Plannen

Rekeningen met belastingvoordeel voor onderwijsbesparingen.
Winsten groeien belastingvrij en opnames zijn belastingvrij voor gekwalificeerde onderwijskosten.

Actiestap: Open of draag bij aan een fiscaal aantrekkelijke rekening die in lijn is met uw doelen.

9.3 Strategieën om belastbaar inkomen te verlagen

Het verlagen van belastbaar inkomen kan je belastingschijf verlagen en het rendement na belastingen verhogen.

9.3.1 Oogsten van fiscale verliezen

Wat het is: Investeringen verkopen met verlies om belastbare winsten te compenseren.

Hoe het werkt:

Voorbeeld: Je verkoopt aandeel A met een verlies van $2.000 en aandeel B met een winst van $2.000. Het verlies compenseert de winst. Het verlies compenseert de winst, dus u bent geen vermogenswinstbelasting verschuldigd.
Tot $3.000 aan nettoverliezen kunnen jaarlijks gewone inkomsten compenseren.

9.3.2 Bijdragen aan belastingvrije rekeningen

Bijdragen aan 401(k)s, traditionele IRA's en HSA's verlagen je belastbaar inkomen voor dat jaar.

Actiestap: Overweeg om fondsen te heralloceren naar belastbare rekeningen om de mogelijkheden voor het oogsten van fiscale verliezen te maximaliseren.

9.4 Fiscaal efficiënte beleggingsstrategieën

Waar je bepaalde beleggingen aanhoudt, heeft invloed op hun belastingefficiëntie.

9.4.1 Activa Locatie

Belastbare rekeningen: Houd belastingefficiënte beleggingen aan zoals gemeentelijke obligaties en ETF's.

Rekeningen met belastingvoordeel: Beleggen in fiscaal inefficiënte beleggingen zoals REIT's, aandelen met een hoog dividend en obligaties.

9.4.2 Kies belastingefficiënte beleggingen

Indexfondsen en ETF's: Deze hebben een lage omzet, waardoor vermogenswinstuitkeringen worden geminimaliseerd.

Gemeentelijke obligaties: Rente is vaak belastingvrij op federaal niveau en mogelijk op staatsniveau.

Voorbeeld: Het aanhouden van een beleggingsfonds met een hoge omloopsnelheid op een belastbare rekening kan onnodige belastingverplichtingen met zich meebrengen, terwijl hetzelfde fonds in een IRA of 401(k) jaarlijkse belastingen vermijdt.

Actiestap: Controleer uw portefeuille om ervoor te zorgen dat uw beleggingen op de meest fiscaal voordelige rekeningen staan.

9.5 Inzicht in verplichte minimale uitkeringen (RMD's)

RMD's zijn van toepassing op rekeningen met belastingvrijstelling (zoals traditionele IRA's) vanaf de leeftijd van 73 jaar.
Als je het vereiste bedrag niet opneemt, krijg je een belastingboete van 50% over het tekort.

Strategieën om RMD's te beheren:

Begin met opnemen vóór de RMD-leeftijd om de belastingdruk te spreiden.
Converteer traditionele IRA's naar Roth IRA's tijdens jaren met een lager inkomen om toekomstige RMD's te verminderen.

Actiestap: Gebruik een RMD-calculator om uw toekomstige opnamevereisten te schatten.

9.6 Veelvoorkomende belastingfouten vermijden

Proactief zijn kan dure fouten helpen voorkomen.

9.6.1 Veelgemaakte fouten

Fiscaal aantrekkelijke rekeningen over het hoofd zien: Bijdragen aan 401(k)s of IRA's niet maximaliseren.

Triggering Wash Sales: Het opnieuw kopen van dezelfde of een in wezen vergelijkbare investering binnen 30 dagen na een tax-loss sale.

Staatsbelastingen negeren: Sommige staten hebben unieke regels voor vermogenswinsten en dividenden.

Actiestap: Raadpleeg jaarlijks een belastingprofessional om naleving te garanderen en uw belastingstrategie te optimaliseren.

9.7 Werken met een belastingadviseur

Een professional kan helpen de aftrek te maximaliseren en ervoor zorgen dat de veranderende belastingwetgeving wordt nageleefd.

9.7.1 Wanneer een professional raadplegen

Als je aanzienlijke beleggingsinkomsten of complexe holdings hebt. Wanneer je bijna met pensioen gaat en RMD-planning nodig hebt.

9.7.2 Vragen aan uw adviseur Hoe kan

ik mijn belastingschuld

verminderen?

Welke rekeningen moet ik voorrang geven om bij te storten of op te nemen?

Zijn er nieuwe belastingwetten die invloed kunnen hebben op mijn portefeuille?

Actiestap: Plan een jaarlijkse afspraak met een CPA of financieel adviseur die gespecialiseerd is in fiscaal efficiënt beleggen.

9.8 Casestudie: Belastingstrategieën in actie

Investeerder: Een 45-jarige met $500.000 verdeeld over een 401(k), een Roth IRA en een belastbare effectenrekening.

Probleem: hoge belastingfactuur door dividenden en vermogenswinstuitkeringen van belastbare beleggingen.

Oplossing:

Verplaats beleggingen met een hoog dividend en obligaties

naar de 401(k). Gebruik indexfondsen en ETF's in de fiscale

rekening.

Verhoog de Roth IRA-bijdragen voor belastingvrije opname bij pensionering.

Resultaat: Jaarlijkse belastingverplichting met $5.000 verlaagd en groei op lange termijn gemaximaliseerd.

Conclusie

Belastingen kunnen uw beleggingsrendement ondermijnen, maar met de juiste strategieën kunt u de impact ervan minimaliseren en meer van uw inkomsten behouden. In het laatste hoofdstuk brengen we alles samen met bruikbare tips om discipline te behouden, valkuilen te vermijden en je financiële doelen te bereiken.

Hoofdstuk 10: Alles samenbrengen - Uw routekaart naar beleggingssucces

10.1 De investeringsreis herzien

Laten we de belangrijkste concepten uit dit boek nog eens doornemen en begrijpen hoe ze met elkaar verbonden zijn.

10.1.1 De Stichting

De aandelenmarkt biedt een platform voor het opbouwen van rijkdom door te investeren in bedrijven.

Het ontwikkelen van een sterke financiële basis door budgettering, noodfondsen en het wegwerken van schulden is cruciaal voordat je gaat investeren.

10.1.2 De strategie

Begin met duidelijke, meetbare doelen.
Diversifieer je portefeuille om risico's te beheren en maak gebruik van activaspreiding op maat van je leeftijd, inkomen en risicotolerantie.

10.1.3 Het proces

Draag regelmatig bij aan je beleggingsrekeningen door gebruik te maken van automatisering.

Beoordeel je beleggingen regelmatig opnieuw, maar voorkom dat je te veel reageert op kortetermijnbewegingen in de markt.

Actiestap: Schrijf uw persoonlijke beleggingsstrategie op, gebaseerd op de principes uit eerdere hoofdstukken.

10.2 Uw persoonlijke beleggingsplan opstellen

Een goed doordacht plan is de routekaart om je financiële doelen te bereiken.

10.2.1 Je doelen bepalen

Doelen op korte termijn: Bijv. sparen voor een aanbetaling voor een huis.

Doelen op lange termijn: Bijv. het opbouwen van een pensioenfonds of het financieren van onderwijs voor kinderen.

10.2.2 Bepaal uw tijdshorizon

Doelen op korte termijn vereisen misschien conservatieve investeringen.

Langetermijndoelen hebben baat bij groeigerichte strategieën zoals aandelenbeleggingen.

10.2.3 Kies uw beleggingsmix

Combineer aandelen, obligaties, ETF's en andere activa in een verhouding die overeenkomt met je doelen en risicotolerantie.

Gebruik doeldatumfondsen als je de handen uit de mouwen wilt steken.

10.2.4 Bijdragen automatiseren

Regel terugkerende overboekingen naar beleggingsrekeningen om consistentie te garanderen.

Actiestap: Maak een samenvatting van één pagina van uw persoonlijke investeringsplan en bewaar deze als naslagwerk.

10.3 Veelvoorkomende valkuilen vermijden

Leren van de fouten van anderen kan je tijd, geld en stress besparen.

10.3.1 Emotionele besluitvorming

Vermijd kopen wanneer de markt op zijn hoogtepunt is of verkopen tijdens een neergang.
Houd je aan je strategie en richt je op langetermijndoelen.

10.3.2 Verwaarlozen om opnieuw in balans te komen

Pas je portefeuille regelmatig aan om de gewenste assetallocatie te behouden.

Voorbeeld: Als aandelen beter presteren en groeien naar 70% van je portefeuille terwijl je doel 60% is, verkoop dan wat aandelen en koop obligaties om opnieuw in evenwicht te komen.

10.3.3   Vergoedingen en kosten over het

hoofd zien Hoge vergoedingen kunnen het

rendement na verloop van tijd uithollen.

Kies voor fondsen met lage kosten, zoals ETF's en indexfondsen.

Actiestap: Maak een checklist met potentiële valkuilen om jaarlijks te bekijken en ervoor te zorgen dat je op schema blijft.

10.4   Een langetermijnperspectief omarmen

Rijkdom opbouwen is een marathon, geen sprint.

10.4.1   De rol van geduld

Kortetermijnvolatiliteit is een natuurlijk onderdeel van beleggen.

Markten hebben historisch gezien op de lange termijn een opwaartse trend vertoond, ondanks incidentele dalingen.

10.4.2   Vertrouw op de kracht van Compounding

Regelmatige investeringen in de loop van de tijd, gekoppeld aan het herinvesteren van rendement, creëren exponentiële groei.

Voorbeeld: Een investering van $10.000 die jaarlijks 8% verdient, verdubbelt ongeveer elke 9 jaar. In 36 jaar groeit deze tot $160.000.

10.5   Opgeleid en geïnformeerd blijven

De beleggingswereld evolueert en op de hoogte blijven is essentieel.

10.5.1   Bronnen om te blijven leren

Boeken: Lees klassiekers zoals The Intelligent Investor van Benjamin Graham.

Websites en blogs: Volg vertrouwde financiële platforms voor updates en tips.

Cursussen: Volg online cursussen om uw kennis over beleggen te verdiepen.

10.5.2   Professionele begeleiding zoeken als dat nodig is

Werk samen met een gecertificeerd financieel planner of beleggingsadviseur om je strategie op maat te maken.

Actiestap: Beloof om elk jaar minstens één beleggingsgerelateerd boek te lezen of een cursus te volgen.

10.6   Actie ondernemen: Uw eerste 90 dagen

Begin sterk met een actieplan voor de eerste drie maanden van je investeringstraject.

10.6.1   Maand 1: Uw fundering bouwen

Stel een budget op om geld vrij te maken om te

investeren. Open een effectenrekening of

pensioenrekening. Bepaal uw doelen en kies een asset

allocatie.

10.6.2   Maand 2: Begin met investeren

Financier je rekening en doe je eerste investeringen, waarbij je je richt op gediversifieerde opties zoals indexfondsen of ETF's.

Automatisering instellen voor regelmatige bijdragen.

10.6.3   Maand 3: Beoordelen en aanpassen

Evalueer je portefeuille om ervoor te zorgen dat deze overeenkomt

met je doelen. Maak kleine aanpassingen als dat nodig is, maar

vermijd overtrading.

Actiestap: Gebruik een kalender of taakvolger om je 90-dagenplan uit te voeren.

10.7 Laatste bemoedigende woorden

Beleggen is een reis die discipline, geduld en toewijding aan groei vereist.

10.7.1 Vooruitgang erkennen

Vier mijlpalen zoals je eerste investering, je eerste $10.000 of het bereiken van een financieel doel.

10.7.2 De beloning van volharding

Vermogen opbouwen door te beleggen is een van de meest krachtige dingen die u kunt doen voor uw toekomst.

10.7.3 Denk aan je "Waarom"

Blijf gemotiveerd door je doelen voor ogen te houden.
Of het nu gaat om comfortabel met pensioen gaan, de opleiding van een kind financieren of financiële onafhankelijkheid bereiken, je "waarom" zal je op het juiste spoor houden.

Conclusie

Dit boek heeft je de tools gegeven om vol vertrouwen aan je investeringsreis te beginnen. Door toe te passen wat u hebt geleerd, consequent te blijven en uw kennis voortdurend uit te breiden, kunt u uw financiële doelen bereiken en een zekere toekomst creëren.

Conclusie

Gefeliciteerd! Je hebt het einde van deze gids gehaald en daarmee heb je een belangrijke stap gezet op weg naar financiële onafhankelijkheid en het opbouwen van rijkdom op de lange termijn. U zou nu een duidelijk inzicht moeten hebben in de basisprincipes van beleggen op de aandelenmarkt, inclusief hoe het werkt, de beschikbare soorten beleggingen en de strategieën die u kunnen helpen weloverwogen beslissingen te nemen.

Vergeet niet dat beleggen in de aandelenmarkt geen snel rijk worden-schema is, maar dat het gaat om consistente, doordachte beslissingen over een langere periode. De meest succesvolle beleggers zijn niet degenen die trends najagen of de markt proberen te timen, maar degenen die zich richten op groei op de lange termijn, risico's op de juiste manier beheren en geduldig blijven bij marktschommelingen.

Houd bij het voortzetten van uw beleggingsreis rekening met de volgende belangrijke punten:

Begin eenvoudig: Begin met gediversifieerde, goedkope beleggingen zoals indexfondsen of ETF's. Dit helpt het risico te beperken terwijl u uw inzicht in de markt opbouwt. Dit helpt het risico te beperken terwijl u uw inzicht in de markt opbouwt.

Beleg voor de lange termijn: De aandelenmarkt beloont geduld. Weersta de drang om impulsieve beslissingen te nemen op basis van kortetermijnbewegingen op de markt.

Blijf op de hoogte: De wereld van beleggen is altijd in beweging. Blijf leren, door boeken, artikelen, cursussen of gewoon door de markt te observeren. Hoe beter u geïnformeerd bent, hoe betere beslissingen u kunt nemen.

Ontwikkel een strategie en houd je eraan: Het is cruciaal om een duidelijk investeringsplan te hebben, gebaseerd op je doelen en risicotolerantie. Laat uw beleggingskeuzes niet dicteren door emoties.

Consistentie is de sleutel: Regelmatige bijdragen, zelfs kleine, kunnen na verloop van tijd aanzienlijk groeien dankzij de kracht van samengestelde rente.

Je reis eindigt hier niet. Sterker nog, het is nog maar het begin. Naarmate u uw portefeuille verder opbouwt en uw inzicht in de markt vergroot, zult u uw eigen strategieën ontwikkelen en uw aanpak verfijnen. De wereld van beleggen staat open voor iedereen die bereid is om te leren, en u hebt de belangrijkste eerste stap al gezet.

Of u nu belegt om te sparen voor uw pensioen, om financiële onafhankelijkheid te bereiken of om specifieke financiële mijlpalen te bereiken, de sleutel is om gedisciplineerd te blijven, op de hoogte te blijven en vooruit te blijven gaan. De aandelenmarkt zal zijn ups en downs hebben, maar met de juiste instelling en strategie kunt u door deze schommelingen navigeren en toewerken naar het bereiken van uw financiële doelen.

Bedankt om samen met mij deze reis te maken. Ik wens u veel succes op uw weg naar een zelfverzekerde, goed geïnformeerde belegger. Uw financiële toekomst ligt in uw handen - zet nu de volgende stap!

Woordenlijst van beurshandeltermen

1. Vermogensallocatie
Het proces van het verdelen van je beleggingsportefeuille over verschillende activacategorieën, zoals aandelen, obligaties en contanten, om risico en rendement in evenwicht te brengen op basis van je doelen, tijdshorizon en risicotolerantie.

2. Berenmarkt
Een marktconditie waarin de prijzen van effecten dalen of naar verwachting zullen dalen, meestal met 20% of meer vanaf recente hoogtepunten.

3. Blue-Chip-aandelen
Aandelen van gevestigde, financieel stabiele en gerenommeerde bedrijven met een geschiedenis van betrouwbare prestaties, zoals Apple of Coca-Cola.

4. Obligatie
Een vastrentende belegging die een lening vertegenwoordigt van een belegger aan een lener, meestal een bedrijf of overheid, met regelmatige rentebetalingen en teruggave van de hoofdsom op de vervaldatum.

5. Stiermarkt
Een marktconditie waarin de prijzen van effecten stijgen of naar verwachting zullen stijgen, vaak gevoed door het vertrouwen van beleggers en economische groei.

6. Kapitaalwinst
De winst uit de verkoop van een investering wanneer de verkoopprijs hoger is dan de aankoopprijs.

7. Dividend
Een deel van de winst van een bedrijf dat wordt uitgekeerd aan de aandeelhouders, meestal op regelmatige basis (bijvoorbeeld elk kwartaal).

8. Dollar-Cost Averaging (DCA)
Een beleggingsstrategie waarbij je regelmatig een vast bedrag belegt in een bepaald actief, ongeacht de prijs, om de impact van de marktvolatiliteit te beperken.

9. Winst per aandeel (WPA)
De winst van een bedrijf gedeeld door het aantal uitstaande aandelen. Een belangrijke maatstaf om de winstgevendheid van een bedrijf te evalueren.

10. Exchange-Traded Fund (ETF)
Een type beleggingsfonds dat wordt verhandeld op aandelenbeurzen dat een mandje activa bezit, zoals aandelen of obligaties, en is ontworpen om de prestaties van een specifieke index te volgen.

11. Indexfonds
Een beleggingsfonds of ETF ontworpen om de prestaties van een specifieke marktindex, zoals de S&P 500, te repliceren.

12. Beursgang (IPO)
De eerste keer dat een bedrijf zijn aandelen aanbiedt aan het publiek, waarbij het overgaat van particulier naar publiek eigendom.

13. Liquiditeit
Het gemak waarmee een actief op de markt kan worden gekocht of verkocht zonder de prijs te beïnvloeden. Aandelen en ETF's zijn zeer liquide, terwijl onroerend goed dat minder is.

14. Marktkapitalisatie (Market Cap)
De totale waarde van de uitstaande aandelen van een bedrijf, berekend door de huidige aandelenprijs te vermenigvuldigen met het totale aantal aandelen.

15. Onderling Fonds
Een beleggingsvehikel dat geld van meerdere beleggers samenbrengt om een gediversifieerde portefeuille van aandelen, obligaties of andere effecten te kopen.

16. Portfolio
Een verzameling beleggingen, zoals aandelen, obligaties, ETF's en contanten, die eigendom zijn van een individu of instelling.

17. Koers-winstverhouding (P/E)
Een waarderingsmaatstaf die wordt berekend door de huidige aandelenprijs van een bedrijf te delen door de winst per aandeel. Het geeft aan hoeveel investeerders bereid zijn te betalen voor $1 winst.

18. opnieuw in evenwicht brengen
Het proces van het aanpassen van de wegingen van activa in je portefeuille om je gewenste niveau van assetallocatie te behouden, wat meestal periodiek gebeurt.

19. Risicotolerantie
Het risiconiveau dat een belegger bereid is te accepteren bij het nemen van beleggingsbeslissingen, beïnvloed door factoren zoals financiële doelen, tijdshorizon en persoonlijk comfort met volatiliteit.

20. Roth IRA
Een pensioenrekening met belastingvoordeel waarbij de bijdragen worden gedaan met belastingvrije dollars en de opnames bij pensionering belastingvrij zijn.

21. S&P 500
Een beursindex die de prestaties volgt van 500 van de grootste bedrijven in de VS naar marktkapitalisatie.

22. Voorraad
Een soort effect dat eigendom in een bedrijf vertegenwoordigt en de houder recht geeft op een deel van de winsten en activa van het bedrijf.

23. Doeldatum Fonds
Een beleggingsfonds of ETF dat automatisch zijn activaspreiding aanpast om conservatiever te worden naarmate een bepaalde streefdatum, zoals pensionering, dichterbij komt.

24. Tijdshorizon
De tijdsduur die een belegger verwacht aan te houden om een financieel doel te bereiken, variërend van korte termijn (minder dan 3 jaar) tot lange termijn (10 jaar of meer).

25. Volatiliteit
De mate van variatie in de prijs van een effect of markt in de loop van de tijd. Een hoge volatiliteit duidt op grotere prijsschommelingen, terwijl een lage volatiliteit stabiliteit betekent.

26. Opbrengst
Het rendement op een investering, uitgedrukt als percentage. Voor aandelen is dit meestal het dividendrendement; voor obligaties is dit het rente-rendement.

Software-uitrusting en benodigdheden die nodig zijn om te beginnen

Hier is een lijst met software, apparatuur en benodigdheden om u te helpen aan de slag te gaan met beleggen op de aandelenmarkt. Deze tools en hulpmiddelen stroomlijnen uw workflow, zorgen ervoor dat u georganiseerd blijft en verbeteren uw besluitvorming.

Software
1. Handelsplatformen

Robinhood (beginnersvriendelijk, handel zonder commissie).
E*TRADE (Uitgebreide tools voor zowel beginners als ervaren traders).
Fidelity (Uitstekend voor langetermijnbeleggers, bevat onderzoekstools).
TD Ameritrade (biedt geavanceerde functies met het thinkorswim-platform).
Webull (Commissievrij handelen met geavanceerde grafieken).

2. Tools voor portfoliomanagement

Morningstar Portfolio Manager: Volg, analyseer en herbalanceer uw portefeuille.
Persoonlijk kapitaal: Combineert budgettering en portfolio-analyse voor een holistische financiële kijk.
Yahoo Finance Portfolio: Gratis en eenvoudig te gebruiken portefeuille bijhouden.

3. Hulpmiddelen voor onderzoek en analyse

Aandelen Rover: Gedetailleerde analyses, vergelijkingstools en het volgen van portefeuilles.
Zacks Investment Research: Biedt aandelenanalyses en -aanbevelingen.
Seeking Alpha: Gemeenschapsgedreven onderzoek en analyse.

4. Grafieken en technische analyse

TradingView: Geavanceerde grafieken software met aanpasbare indicatoren.
MetaStock: Uitgebreide technische analysesoftware voor actieve handelaren.

5. **Software voor belastingen en boekhouding**

TurboTax Premier: Speciaal voor beleggers om winsten en verliezen bij te houden en te rapporteren.
H&R Block belastingsoftware: Bevat tools voor beursbeleggers.

6. **Educatieve platforms**

Coursera: Investeringscursussen van universiteiten als Yale en Wharton.
Udemy: Betaalbare cursussen over de basisprincipes van de aandelenmarkt en handelsstrategieën.
Investopedia Academie: Cursussen speciaal voor beginners op de aandelenmarkt.

Uitrusting

1. **Computer of laptop**

Beleggen vereist een betrouwbare computer voor onderzoek, handel en analyse. Overweeg het volgende:

Apple MacBook Pro: Staat bekend om zijn betrouwbaarheid en lange batterijlevensduur.
Dell XPS 15: Krachtige prestaties voor multitasking. Lenovo ThinkPad: Geweldig voor budgetbewuste investeerders.

2. **Smartphone of tablet**

Mobiele toegang is essentieel om onderweg te handelen en je portfolio te beheren. Aanbevolen apparaten:

Apple iPhone of iPad: Compatibel met de meeste handelsapps.
Samsung Galaxy Series: Android-alternatief met krachtige functies.

3. **Externe monitoren**

Voor het gelijktijdig volgen van meerdere aandelen en grafieken.

   Dell UltraSharp U2723QE: Beeldscherm met hoge resolutie voor gedetailleerde analyse.
   LG Ultrawide-monitor: Geweldig voor multitasking met meerdere vensters.

4. **Back-up opslag**

Bewaar je investeringsgegevens veilig.

   Seagate externe harde schijf: Voor back-ups van financiële documenten.
   Cloudopslag (Google Drive of Dropbox): Veilige online opslag voor eenvoudige toegang.

5. **Internetverbinding**

Een snelle internetverbinding is essentieel voor realtime marktgegevens.

   Glasvezelverbindingen: Aanbevolen voor snelle en stabiele snelheden.

Benodigdheden

1. **Notitieboeken of dagboeken**

   Houd beleggingsstrategieën, notities en geleerde lessen bij.

   Rocketbook Smart Notebook: Herbruikbaar en geïntegreerd met cloudopslag.
   Moleskine dagboek: Een klassieke keuze voor handgeschreven notities.

2. **Organisatorische benodigdheden**

   Ordner: Bewaar afgedrukte afschriften, contracten en belastingdocumenten.
   Labelmaker: Organiseer fysieke dossiers voor snelle toegang.

3. Back-up voedingen

   Draagbare Power Bank: Voor het opladen van apparaten tijdens stroomuitval.
   Ononderbreekbare stroomvoorziening (UPS): Beschermt je computer tijdens plotselinge onderbrekingen.

4. Bureau instellen

   Verstelbaar staand bureau: Voor comfort tijdens lange werktijden.
   Ergonomische stoel: Vermindert overbelasting tijdens langdurig onderzoek.

5. Rekenmachine of financiële hulpmiddelen

   HP 12C financiële rekenmachine: Speciaal ontworpen voor financiële berekeningen.
   Casio fx-991EX: een veelzijdige, budgetvriendelijke optie.

Abonnementen en diensten

1. Nieuws en datadiensten

   Wall Street Journal: Zakelijk en financieel nieuws.
   Bloomberg-terminal: Hoogwaardige service voor realtime gegevens (het beste voor gevorderde beleggers).
   Yahoo Finance Premium: Biedt geavanceerde tools en een reclamevrije ervaring.

2. Markt Waarschuwingen

   Google Alerts: Aangepaste waarschuwingen voor specifieke aandelen of sectoren.

   Morningstar Alerts: Meldingen over de prestaties en updates van de portefeuille.

3. Financieel Adviseurs

   Overweeg advies in te winnen bij een Certified Financial Planner (CFP) om een solide investeringsstrategie op te stellen.

Diverse

Whiteboard of prikbord: Visualiseer strategieën, doelen of volglijsten.

Koptelefoon met microfoon: Voor online cursussen, webinars of virtuele adviesgesprekken.

Koffiezetapparaat of snacks: Blijf energiek tijdens lange handelssessies!

Prioriteitenlijst van essentiële zaken om te beginnen met investeren

Hier volgt een gestroomlijnde lijst met benodigdheden om efficiënt en zonder onnodige kosten aan de slag te gaan:

1. Software voor handel en portefeuillebeheer

Met deze tools kun je handelen, beleggingen bijhouden en je portefeuille beheren:

Handelsplatform: Begin met een beginnersvriendelijk, commissievrij platform zoals Robinhood of Fidelity.

Portefeuillevolger: Gebruik Yahoo Finance Portfolio (gratis) of Personal Capital voor het bijhouden en analyseren van portefeuilles.

2. **Betrouwbare computer of laptop**

Een laptop uit het middensegment is voldoende voor de meeste beginners. Overweeg opties zoals:

Lenovo ThinkPad (budgetvriendelijk en

betrouwbaar). Dell XPS 15 (voor meer kracht en

multitasking).

3. **Smartphone of tablet**

Voor mobiele handel en waarschuwingen:

Apple iPhone of Samsung Galaxy Series (compatibel met de meeste handelsapps).

4. Internetverbinding

Supersnel internet (glasvezel indien mogelijk) om realtime toegang tot marktgegevens en handelsplatformen te garanderen.

5. Educatieve bronnen

Investeer tijd in leren met deze betaalbare opties:

Boek: The Little Book of Common Sense Investing door John C. Bogle.

Online cursus: Beleggen voor beginners op Coursera of Udemy.

Website: Bezoek regelmatig Investopedia voor eenvoudig te begrijpen definities en gidsen.

6. Een dagboek voor notities

Houd je beleggingsstrategieën, lessen en beslissingen bij:

Rocketbook Smart Notebook (herbruikbaar en maakt verbinding met cloudopslag).
Of gebruik gewoon een standaard Moleskine notitieboekje.

7. Bestanden ordenen

Om belangrijke documenten zoals handelsbevestigingen, belastingformulieren en rekeningafschriften op te slaan en te beheren.

Uitbreidbare ordner (compact en draagbaar).

8. Reservevoeding en gegevensopslag

Voor veiligheid en betrouwbaarheid:

Draagbare Power Bank: Houdt je smartphone of tablet opgeladen.

Cloudopslag: Gratis opties zoals Google Drive of Dropbox voor het maken van back-ups van belangrijke bestanden.

9. Abonnement op marktnieuws

Blijf op de hoogte van de laatste markttrends en updates:

Gratis optie: Yahoo Finance of Google Alerts.

Betaalde optie: Een abonnement op The Wall Street Journal of Morningstar Premium.

10. Eenvoudige rekentool

Als je rendementen wilt berekenen of financiële statistieken wilt begrijpen:

Gebruik de gratis ingebouwde rekenmachine op je smartphone of een eenvoudige Casio Calculator.

11. Comfortabele werkplek

Voor langdurig onderzoek en handelen: Ergonomische stoel:

Geef voorrang aan comfort.

Bureauruimte: In het begin volstaat een eenvoudige tafel of bureau.

12. Optionele uitbreidingen (wanneer gereed)

Als je groeit, overweeg dan deze toevoegingen:

Externe monitor: Maakt multitasken gemakkelijker (bijvoorbeeld LG UltraWide Monitor).

Geavanceerde grafiektools: TradingView voor technische analyse (gratis versie beschikbaar).

Belastingsoftware: Gebruik TurboTax Premier tijdens het belastingseizoen om de rapportage te vereenvoudigen.

Volgende stappen

Open een brokerage account (bijv. Robinhood of Fidelity). Stel een volglijst samen van aandelen of ETF's waarin je geïnteresseerd bent.

Wijs een klein kapitaal toe (wat je je kunt veroorloven om te verliezen) en begin met indexfondsen of ETF's.

Zet je in om dagelijks te leren met educatieve inhoud.

Bronnen

Hier vindt u een lijst met bronnen om uw kennis te verdiepen en te blijven groeien als belegger:

Boeken

De intelligente belegger door Benjamin Graham
Een klassieke gids voor waardebeleggen en het begrijpen van marktprincipes.

Een willekeurige wandeling door Wall Street door Burton Malkiel
Behandelt een breed scala aan beleggingsonderwerpen en pleit voor indexfondsen met lage kosten.

Gezond verstand over beleggingsfondsen door John C. Bogle
Dit boek is geschreven door de oprichter van Vanguard en legt de voordelen van beleggen in indexfondsen uit.

The Little Book of Common Sense Investing door John C. Bogle Een beknopte en praktische inleiding tot indexbeleggen.

Een voorsprong op Wall Street door Peter Lynch
Onderzoekt hoe gewone beleggers kansen kunnen herkennen en succesvol kunnen beleggen.

De psychologie van geld door Morgan Housel
Richt zich op de gedragsaspecten van beleggen en financiële besluitvorming.

Rijke vader arme vader door Robert Kiyosaki
Biedt een mentaliteitsverandering in de richting van vermogensopbouw en financiële onafhankelijkheid.

De gids voor beleggen van Bogleheads door Taylor Larimore, Mel Lindauer en Michael LeBoeuf
Een eenvoudige gids voor voordelig langetermijnbeleggen.

Websites en blogs

Investopedia (investopedia.nl)
Uitgebreide bron voor beleggingsterminologie, concepten en tutorials.

Morningstar (morningstar.com)
Biedt inzicht in beleggingsfondsen, ETF's en individuele aandelen.

De Motley Fool (fool.com)
Beleggingsnieuws, advies en aandelenanalyses voor beginners en ervaren beleggers.

Seeking Alpha (seekingalpha.com)
Artikelen en meningen van een breed scala aan beleggers en analisten.

Bogleheads forum (bogleheads.org)
Een community gewijd aan het bespreken van indexbeleggen en persoonlijke financiën.

Yahoo Finance (finance.yahoo.com)
Nieuws, aandelenkoersen en beleggingstools om op de hoogte te blijven.

CNBC (cnbc.com)
Real-time marktupdates en financieel nieuws.

Podcasts

De podcast Beleggen voor beginners
Vereenvoudigt complexe beleggingsconcepten voor wie net begint.

We bestuderen miljonairs (The Investor's Podcast Network)
Bevat lessen van enkele van 's werelds grootste beleggers.

De Motley Fool Geld Show
Biedt een analyse van de huidige markttrends en beleggingsstrategieën.

BiggerPockets Geld Podcast
Richt zich op persoonlijke financiën en strategieën voor vermogensopbouw.

Dierengeesten Podcast
Behandelt markttrends, persoonlijke financiën en financieel gedrag op een toegankelijke manier.

Online cursussen

Coursera (coursera.org)
"Beleggen voor beginners: A Comprehensive Guide" (aangeboden door topuniversiteiten).

Udemy (udemy.com)
"Beleggen in de aandelenmarkt voor beginners" - Toegankelijk en betaalbaar voor nieuwe beleggers.

Khan Academy (khanacademy.org)
"Personal Finance" - Bevat lessen over de basisprincipes van beleggen.

Morningstar Cursus Beleggen
Gratis interactieve cursussen over beleggingsfondsen, ETF's, aandelen en het opbouwen van een portefeuille.

Skillshare (skillshare.com)
Cursussen over de basis van beleggen en financiële kennis van ervaren docenten.

Apps en tools

Yahoo Financiën-app
Volg marktgegevens, nieuws en de prestaties van uw portefeuille.

Morningstar Portefeuillebeheerder
Analyseer en monitor je investeringen in realtime.

Persoonlijk kapitaal
Helpt bij budgettering, het bijhouden van investeringen en pensioenplanning.

Robinhood Leren
Biedt gratis leermiddelen voor beginnende beleggers.

Fidelity- of Vanguard-platforms
Veel brokerage accounts hebben gratis tools, calculators en educatieve content.

YouTube-kanalen

Graham Stephan
Advies over persoonlijke financiën en beleggen voor beginners.

Andrei Jikh
Vereenvoudigt beleggingsconcepten met de nadruk op langetermijnstrategieën.

Joseph Carlson Toon
Portfolio-overzichten en inzichten in dividend- en waardebeleggen.

De gewone bagel
Legt complexe financiële onderwerpen op een begrijpelijke manier uit.

Financiële Educatie
Tips om door de aandelenmarkt te navigeren en rijkdom op te bouwen.

Volgende stappen:

Kies een of twee boeken en begin te lezen. Bookmark

een paar websites voor regelmatige updates.

Abonneer je op een podcast of YouTube-kanaal dat aansluit bij jouw leerstijl.

Overweeg een online cursus te volgen om je kennisbasis te versterken.

We willen je bedanken voor de aankoop van dit boek en nog belangrijker, we willen je bedanken dat je het tot het einde hebt gelezen. We hopen dat uw leeservaring plezierig was en dat u uw familie en vrienden op de hoogte wilt brengen via Facebook, Twitter of andere sociale media.

We willen je graag boeken van hoge kwaliteit blijven leveren. Zou je daarom een recensie voor ons willen achterlaten op Amazon.com?

Gebruik gewoon de onderstaande link, scroll ongeveer 3/4 van de pagina naar beneden en je ziet afbeeldingen die lijken op de onderstaande.

We zijn u zeer dankbaar voor uw hulp. Met vriendelijke groeten,

Brian Mahoney
Uitgeverij MahoneyProducts

Misschien vind je het ook leuk:

Hoe geld te krijgen voor het opstarten van een klein bedrijf: Hoe veel geld te krijgen van crowdfunding, overheidssubsidies en staatsleningen

https://rb.gy/9qjcv

of

www.amazon.com/dp/1951929144

www.ingramcontent.com/pod-product-compliance
Lightning Source LLC
LaVergne TN
LVHW010410070526
838199LV00065B/5932